樹脂粘土で作る
ミニチュア多肉植物
CLAY SUCCULENT PLANTS

author きたのこ

日本文芸社

CONTENTS

5 | **SUCCULENT PLANTS**
多肉植物

6 / 54 **SEDUM PACHYPHYLLUM**
乙女心

7 / 56 **SEDUM RUBROTINCTUM**
虹の玉

10 / 57 **SEDUM LEAF CUTTING**
葉挿し

11 / 58 **ECHEVERIA LAUI**
ラウイ

12 / 59 **SEDEVERIA SILVER FROST**
樹氷

13 / 60 **GRAPTOPETALUM SHUUREI**
秋麗

14 / 61 **ECHEVERIA BEATRICE**
桃太郎

15 / 62 **LITHOPS**
リトープス

16 / 63 **MONILARIA**
モニラリア

17 / 64 **CONOPHYTUM**
花つきコノフィツム

18 / 65 **CRASSYLA PELLUCIDA SSP.MARGINALIS**
リトルミッシー

19 / 67 **ECHEVERIA WESTERN RAINBOW**
ウエストレインボー

20 / 68 **ECHEVERIA CANTE** カンテ	36 / 84 **DYCKIA** ディッキア
21 / 69 **OTOHANNA CAPENSIS** ルビーネックレス	38 / 86 **PACHYPODIUM** パキポディウム
22 / 70 **OROSTACHYS BOEHMERI** 子持ち蓮華	39 / 87 **DIONAEA MUSCIPULA** ハエトリグサ
23 / 71 **HAWORTHIA 1** ハオルチア 1	40 / 88 **PLATYCERIUM** コウモリラン
24 / 76 **HYDROPONICS** 水耕栽培	41 / 90 **AGAVE** アガベ 王妃雷神錦
25 / 73,74 **HAWORTHIA 2,3** ハオルチア 2,3	42 / 92 **AGAVE** アカベ 吉祥天
27 / 77 **COPIAPOA** コピアポア 黒王丸	44 **ACTUAL SIZE** 原寸サイズ
28 / 79 **OPUNTIOIDEAE** ウチワサボテン	46 **GALLERY**
29 / 80 **ASTROPHYTUM ASTERIAS** 兜丸	50 **MATERIALS & TOOLS** 材料と道具
30 **COLUMN**	52 **RULES OF THIS BOOK** この本のきまり
31 | **BIZARRE PLANTS** 珍奇植物	53 | **HOW TO MAKE** 作り方
32 / 81-83 **TILLANDSIA 1,2,3** チランジア (エアプランツ)1,2,3	93 鉢の作り方

はじめに

多肉植物をご自身の手で作って楽しんでいただくために、
この本はできました。

多肉植物の見た目の可愛らしさに夢中な人、
とがった葉っぱや少し変わった形の植物のかっこ良さに惹かれる人、
そして小さいもの(ミニチュア)好きさんにも、
老若男女問わず見て鑑賞して楽しんで頂けると共に、
樹脂粘土を通じて植物に対してこんなアプローチがあるということを
知っていただけたらうれしいです。

樹脂粘土は手につきにくく汚れにくいため、
気軽にはじめられるのが魅力。
大人の方にもぜひ試してみていただきたいクラフトです。
自分の欲しい形を、好きなサイズと好みの色で、思うままに作ることができますし、
水や日光が必要ないため飾り方の自由さも、
実際の植物とは異なるおもしろさがあります。
多肉植物や珍奇植物の新しい楽しみ方として、ぜひチャレンジしていただけたらと思います。

きたのこ

SUCCULENT PLANTS
多肉植物

グラデーション状に色づき、ぷっくりとした形状がかわいい多
肉植物の葉。コノフィツムやハオルチア独特の透明感。個性的な
形状のサボテンのトゲ。細かい部分にこだわって、こだわりの植
物を作ってみましょう。

SEDUM
PACHYPHYLLUM

乙女心

ベンケイソウ科マンネングサ属(セダム属)に属する多年草。葉はぷっくりと厚みがあり、白味を帯びた美しいライトグリーンと先端の赤い紅葉のコントラストが寄せ植えのアクセントになります。その見た目の愛らしさからファンの多い種類です。

HOW TO MAKE　P54

SEDUM
RUBROTINCTUM

虹の玉

葉は肉厚でジェリービーンズのような形をしており、環境によって赤く色づきます。丈夫な性質で育てやすく、小さくまとまった姿が特徴的で、寄せ植えに多用されます。最もポピュラーなセダムの一種です。

HOW TO MAKE　P56

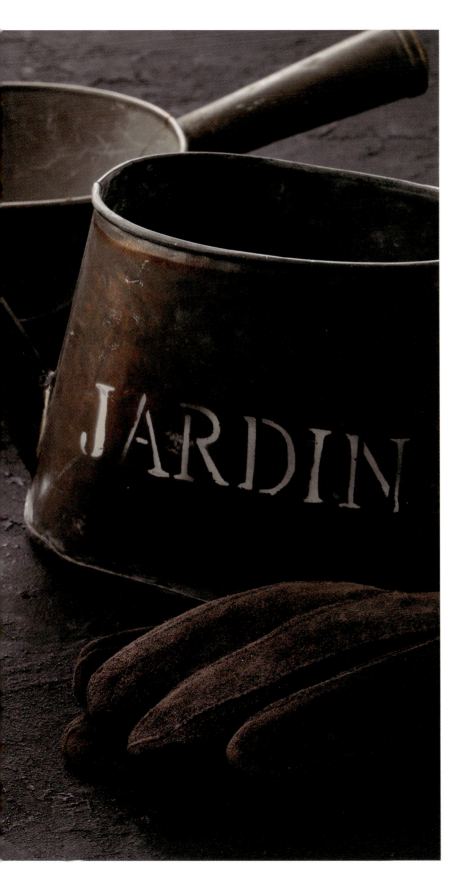

ARRANGEMENT
of succulent plants
多肉植物の寄せ植え

多肉植物のアレンジの定番、寄せ植え。セダムとエケベリアをメインにリトルミッシーやルビーネックレス、子持ち蓮華を加えました。

SEDUM LEAF CUTTING
葉挿し

並べてかわいい小さな葉挿しは、多肉植物ならではのモチーフです。カラフルに作って、並べてみました。

HOW TO MAKE　P57

ECHEVERIA LAUI
ラウイ

葉は丸みを帯びたロゼット状で、白い粉に覆われた表皮が美しい多肉植物です。この粉は何かに触ったりするとすぐに取れてしまうので水遣りや植え替え時には注意が必要ですが、粘土で作れば気軽に扱うことができます。

HOW TO MAKE　P58

SEDEVERIA
SILVER FROST

樹氷

ぷっくり肉厚でツンと尖った葉先が、密に重なり合っています。樹氷という名の通り寒さに強く、冬には葉の先をピンク色に染めます。夏はスカイブルーの色味で休眠します。たっぷりの日差しを浴びて、寒さに当たると、紅葉の色がより美しくなります。

HOW TO MAKE　P59

GRAPTOPETALUM SHUUREI

秋麗

肉厚の葉をもち、葉の表面にうっすらと白い粉を帯びています。茎立ちをし、ロゼット状に葉を展開します。縦に伸びる性質が強く放っておくと木のように伸びてしまうので、挿し木挿し芽・切り戻しで小さく仕立てていきますが、粘土ならその心配はありません。

HOW TO MAKE　P60

ECHEVERIA BEATRICE
桃太郎

色白絹目肌のしっかりとした葉がロゼット状に並び、濃くはっきりとしたピンク色の葉先がピンととがっていて、バランスの取れた配色が人気のエケベリアです。育てやすく手に入りやすいことも人気の理由です。

HOW TO MAKE　P61

LITHOPS
リトープス

ハマミズナ科、リトープス属。上から見ると扁平な球形の葉が2枚合わさったようですが、横から見るとその2枚の葉は融合したユニークな形をしており、株(葉)の色も変化に富んでいるため「生きた宝石」と呼ばれることも。

HOW TO MAKE　P62

MONILARIA
モニラリア

ハマミズナ科、モニラリア属。ウサギの耳のように2本が上に伸びる葉は、周りには糖分を含んだ細かい水泡にびっしりと覆われており、日に当たるとキラキラとみずみずしく、かわいらしく見えます。葉が長く伸びる前の姿を作品にしました。

HOW TO MAKE　P63

CONOPHYTUM
花つきコノフィツム

ハマミズナ科、オフタルモフィルム属。一芽一芽は単幹の葉からなっており、複数の芽がクッション状に群生して育ちます。窓と呼ばれる天頂部は透明に透けているのが特徴で、基部は緑色です。春に脱皮をし秋に開花します。

HOW TO MAKE　P64

CRASSYLA PELLUCIDA SSP.MARGINALIS
リトルミッシー

小さな斑入りの葉が特徴です。英語でお嬢さんという意味の名前で、葉のふちにピンクのステッチ模様が入る可愛らしい姿から名付けられたそうです。ふんわりと横に広がりながら育ちます。

HOW TO MAKE P65

ECHEVERIA
WESTERN RAINBOW
ウエストレインボー

ピンクや白・紫・緑が混ざり合った複雑な色から、「レインボー」と呼ばれます。葉先はエッジが立っており、全体的に上品な印象です。育てるのが難しく、価格も高め。

HOW TO MAKE　**P67**

ECHEVERIA CANTE
カンテ

「エケベリアの女王」と呼ばれ、美しさに定評のある品種です。成長すると30cmほどにも大きくなり、薄く繊細な葉はピンクからパウダーブルーのグラデーションに彩られます。きれいな形を維持するのはコツがいります。

HOW TO MAKE　P68

OTOHANNA CAPENSIS

ルビーネックレス

三日月形の葉がネックレス状に生長するタイプで、茎は紫色。秋冬に寒さに当たると全体的に紫色っぽく紅葉します。上手く育てるとどこまでも伸びて増えますが、枯らしてしまう時は水のやりすぎが原因なことが多いです。

HOW TO MAKE　P69

OROSTACHYS
BOEHMERI
子持ち蓮華

茎が地表面に沿ってどんどん伸びる性質をもち、ランナーを伸ばして増殖します。冬は地表に近い部分は枯れてしまいますが、春になればまた芽を出します。

HOW TO MAKE　P70

HAWORTHIA 1
ハオルチア 1

多肉植物やサボテンは水耕栽培でスタイリッシュに育てることが出来ますが、やや難易度が高いため、根っこの様子を観察したりこまめに水を変えたりする必要があります。粘土の多肉なら、根腐れの心配もお世話の煩わしさも感じずいつまでも可愛い姿を鑑賞できます。

HOW TO MAKE　P71

HYDROPONICS
水耕栽培

根っこが見えるガラスの器に乗せて、水耕栽培のように飾ることもできます。ハオルチアの透明感とガラスが好相性。

HOW TO MAKE　P76

HAWORTHIA 2,3

ハオルチア 2,3

ススキノキ科、ハオルチア属。葉が堅く株のシャープなフォルムを楽しむ「硬葉系」や葉が柔らかく透明感のある種類を含む「軟葉系」など種類も豊富で、どちらも密に重なった葉が放射状に展開し、幾何学的で整った株姿になるのが魅力です。一部の種類では葉の先に「窓」と呼ばれる半透明な部分があり、その色合いや模様、光の透過具合などの妙を楽しみます。

HOW TO MAKE　P73, 74

ARRANGEMENT
of Cactuses

サボテンの寄せ植え

サボテンの寄せ植えには、砂でもよいですが、ヤシの葉を敷くのがおすすめです。

COPIAPOA

コピアポア 黒王丸

サボテン科、コピアポア属。過酷な環境を生き抜くための、青白い粉が吹いたような肌と、鉛筆の芯のようなトゲをもつワイルドな魅力にあふれたサボテンです。生育スピードが遅く、形の崩れや日焼けに気をつけて育てます。

HOW TO MAKE　P77

OPUNTIOIDEAE
ウチワサボテン

サボテン科、オブンティア属。サボテンといえばこの姿、と言えるほどメジャーな平べったいサボテンです。丸い模様に見える部分はとても細かいトゲが無数に集まっており、少し触れただけでも束状に刺さるので扱いには注意が必要です。

HOW TO MAKE　P79

ASTROPHYTUM ASTERIAS

兜丸

サボテン科、アストロフィツム属。ウニのようなサイズ感と独特の棘座（しざ＝アレオーレ）を持つ人気のサボテンです。種小名であるアステリアスは「星のような」という意味をもち、肌には星点と呼ばれる白斑が散在しています。

HOW TO MAKE　P80

< COLUMN >

ミニチュア植物を使った
フォトフレームのアレンジメント

鉢に植えて飾ってももちろんかわいいミニチュア多肉植物ですが、インアテリア雑貨としてアレンジするのもおすすめです。

ボンドや接着剤で多肉植物を貼りつけて、フォトフレームをアレンジしてみました。多肉植物を複数つけるとすき間があいてしまいバランスが悪くなりがちですが、間をモスやヤシファイバーで埋めることで全体が整います。

寄せ植えとはまた異なる、アーティフィシャルならではの自由なアレンジを楽しんでください。

撮影：きたのこ

BIZARRE PLANTS

珍奇植物

例えば「トゲ」ひとつとっても、ディッキアやハエトリグサ、パキポディウムとアガベではその太さや質感はさまざまです。ピンキングばさみや液体粘土を使って工夫して、独特の形状を表現しましょう。

MINITURE TILANDSIA
ミニチュア チランジア

チランジアをより小さく。ぴったりサイズのキャベツ箱も自作してみました。状況に応じて大きさを変えたり、自由なアレンジで飾ってみてください。

DYCKIA
ディッキア

細かいトゲのある鋭い葉っぱを放射状につけます。シルバーカラーや赤褐色などのカラーバリエーションがあり、その個性的な葉の色や形からコアなファンの多い植物です。乾燥に強く、育てやすい植物として知られています。

HOW TO MAKE P84

PACHYPODIUM

パキポディウム

キョウチクトウ科、パキポディウム属。サボテンのようですがサボテンとは別の種類に属します。基部がまるまると太ったものや、ずんぐりとした棒状の幹をもつものなど、独特のフォルムが愛好家に人気の植物です。色々なタイプがあるので好みのものを作ってみましょう。

HOW TO MAKE　P86

DIONAEA MUSCIPULA
ハエトリグサ

モウセンゴケ科、ハエトリグサ属(ディオネア属)。食虫植物の代表的存在。二枚貝のような形の捕虫葉の内側には、片側に3本ずつ感覚毛と呼ばれるセンサーが生えており、獲物がこのセンサーに短時間で2回以上触れると二枚貝状の葉が素早く閉じ、獲物を捕まえます。

HOW TO MAKE　P87

AGAVE
アガベ 吉祥天

リュウゼツラン科、アガベ属。中型のアガベで、肉厚のブルーグレーの葉が綺麗なロゼットを巻いています。赤茶色のトゲと葉とのコントラストが特徴的です。株が古くなると3mを越す花柄を伸ばし、黄色い花が咲き、子株をつけて、親株はいずれ枯れてしまいます。

HOW TO MAKE **P92**

ACTUAL SIZE
原寸サイズ

手作りのよいところは、好みに合わせてアレンジができること。
使いたい鉢や組み合わせたい小物に合わせたサイズや形で、自由に作っていただけたらと思います。
このページではご紹介しているミニチュア植物の一部を、ほぼ原寸大で掲載していますので、アレンジの参考にしてみてください。

GALLERY
REAL SUCCULENT & BIZARRE PLANTS

何色ものアクリル絵の具を少しずつ混ぜ合わせて複雑に着色をすることで、
よりリアルに多肉植物や珍奇植物の色合いや質感を表現できます。
実際の植物を観察しながら、どんな部分が影になっているか、色が変わっている部分の様子などを見て、
色のつけ方を工夫しています。
きたのこが過去に発表した作品の中から、
今回は作り方を紹介している植物をよりリアルに表現したものをご紹介しています。

DYCKIA
ディッキア

見る角度や光の加減によって、さまざまな色合いを見せてくれるディッキア。自然光でも、時間帯によってその色合いは異なります。実物を見ながら色をつける際は、視点を決めて、一気に塗り上げています。

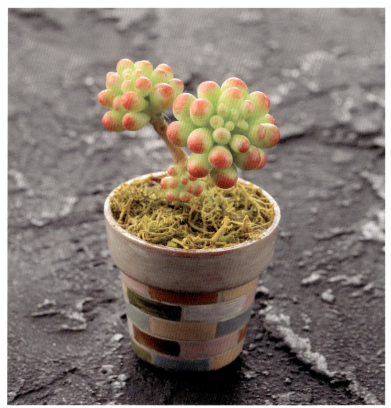

SEDUM PACHYPHYLLUM
乙女心

ぷっくりとした葉の形が人気な植物。そのかわいらしさを強調するために、丸いフォルムをややデフォルメして作っています。

MONILARIA
モニラリア

親株から出ている葉のツブツブ感をよりリアルに表現するため、白い絵の具にごく少量の液体粘土を混ぜて立体感を出しています。大小さまざまなサイズを群生させることで、成長中の株の雰囲気を演出しています。

ECHEVERIA CANTE
カンテ

AGAVE
アガベ

MATERIALS & TOOLS
材料と道具

粘土について

はじめに

樹脂粘土：軽量粘土 ＝ 3：1

上記分量で混ぜたものを基本として使用しています。ただ「粘土」とある場合は、上記を指します。そのほかの粘土を使っている場合は、都度記載しています。
乾くまでに数日かかり、完成後は作品が1割ほど縮み、粘土につけた色がやや濃くなります。

樹脂粘土（樹脂風粘土を含む）
きめが細かく扱いやすい粘土です。乾燥するとかたく強度が出るとともに発色がよいのが特徴です。

軽量粘土
軽くふんわりとした質感を出すのに適しています。そのままでは強度と色が不安定なので、本書では樹脂粘土と混ぜて使用します。

透明粘土
乾くと透明になる粘土。乾燥に1～2週間ほどかかります。完成後は作品が2割ほど縮みます。

透明粘土専用ニス
ハオルチアなど透明感のある植物のツヤを表現するために使用。乾燥後に透明部分に塗ります。

液体粘土
立体感のある模様をつける際に使用。絵の具のように、パレットに出して絵の具と混ぜて使えます。

[扱い方の注意]

- 袋から出したら、よくこねる。こねることで扱いやすくなり、ヒビが入りにくくなります。
- 成形中にヒビが入ってしまったら、一度つぶして形成しなおす。
- 乾燥後は色がやや濃くなるので、意識して色を混ぜましょう。
- 乾燥後は約1～2割縮みます。粘土の種類によって、縮む率はさまざまです。
- 袋から出した後はすぐに乾燥するので、使う分だけ手元に置き、残りはラップで包んで作業をしましょう。着色した粘土はより乾きやすくなるので注意しましょう。
- 樹脂粘土は3～5日、透明粘土は10日ほどで完全に乾燥します。

乾燥前 → 乾燥後

そのほかの材料と道具

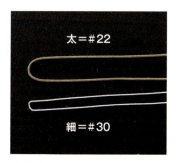

ワイヤー
茎の軸として使用します。カットはニッパーを使います。

アクリル絵の具
本書で「絵の具」と表記しているものは、すべてアクリル絵の具を指しています。

爪楊枝…材料として茎の軸に、道具として着色にと様々使用します。

ラップ…使いかけの粘土が乾かないようにくるんでおきましょう。

粘土板…この上で作業をします。クリアファイルで代用可能。

ボンド…木工用の乾くと透明になるもの。

定　規…サイズを測ります。円テンプレートがあるとより便利。

スポンジ…成形や着色をした粘土を乾かすために使用します。

パ　フ…ファンデーション用のものを使用。絵の具を薄く均等につけられます。

粘土の着色

1 粘土にアクリル絵の具を直接出す。複数色混ぜる場合も同様。

2 ちぎりながらよくこねる。

3 色がついたところ。

4 すぐに使わない分はラップにくるんで置いておく。

POINT
- 粘土の着色は、アクリル絵の具はもちろん、水彩絵の具や水性ペンも使えます。
- 絵の具は少しずつ足し、こねながら様子をみて写真の色に近づけます。
- 色が濃くなりすぎてしまった場合は、粘土を足して色を薄くします。
- 元々色のついたカラー粘土を使ってもよいでしょう。
- わざと混ぜすぎにマーブル模様を生かしている作品も紹介しています。その場合は作品の材料欄に記載があります。
- 乾くとやや色が濃くなるので、少し薄めに色を作りましょう。

RULES OF THIS BOOK

この本のきまり

1 sizeは乾燥後の参考サイズを記載しています。
W（幅）×D（奥行き）×H（高さ）

2 ただ「粘土」とある場合は、**樹脂粘土：軽量粘土＝３：１**で混ぜたものを指します。

4 説明文内のサイズ表記は、葉の形に成形した際のサイズではなく、**3**で丸めたサイズを示しています。（2mmの葉＝Φ2mmに丸めた粘土から作った葉）

3 粘土の量は、丸めた際の直径（＝Φ）で表します。定規で測ってもよいですし、円テンプレートがあるとより便利です。

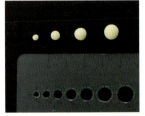

52

HOW TO MAKE
作り方

材料や道具の種類がそれほど多くないのが、粘土クラフトの魅力。その植物ならではの特徴を出しつつ、成形や色づけを少ない工程で仕上げる工夫が満載です。ご自身の手で、リアルな植物を作る時間をお楽しみください。

HOW TO MAKE

乙女心

作品：P6
size：W2.5×D2×H4.5cm

定番の乙女心には、基本の技法が詰まっています。まずは粘土の計り方や着色の仕方を確認しましょう。

〔材料〕
粘土（グレーグリーンに着色）
粘土（黄緑に着色）
絵の具（赤）
絵の具（サンドグレー）
太ワイヤー

〔道具〕
定規　　　粘土ベラ
ラップ　　バフ
粘土板　　平ペンチ
スポンジ
ボンド
ニッパー
絵筆

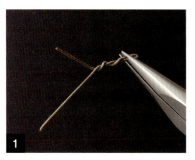

1
ワイヤーを7cmにカットし、平ペンチで曲げてねじる。先端の輪はつぶす。

2
グレーグリーン粘土Φ7mmをワイヤーに巻きつけて茎を作る。

3
ヘラでヘコませて葉が落ちたあとの模様をつける。

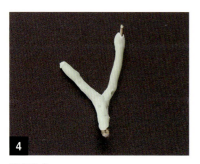

4
茎の完成。

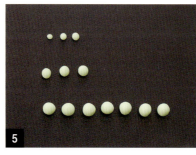

5
子株の葉：黄緑粘土をΦ1mm×1、Φ2mm×1、Φ3mm×1、Φ3.5mm×3、Φ4.5mm×7～8個に丸める。

親株の葉：黄緑粘土をΦ1mm×1、Φ2mm×1、Φ3mm×1、Φ3.5mm×3、Φ5mm×14～15個に丸める。

6
手の平で転がして、先端を尖らせる。

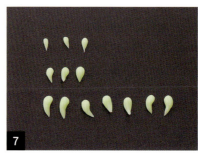

7
子株の葉を作ったところ。

親株の葉を作ったところ。子株、親株ともに30分以上乾かす。

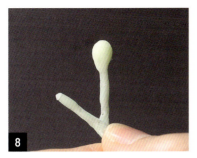
8
親株を作る。茎の先にボンドをつけ、黄緑粘土Φ4mmを被せる。

9
7の1、2、3mmの葉の先端にボンドをつけて、上部に三角形に差し込む。

10
9の三角形の間に入れるように、3.5mmの葉3枚を差し込む。

11
前に差し込んだ葉と葉の間を埋めるように、5mmの葉を差し込んでいく。

12
子株も親株と同様に、7の葉を小さい順につける。

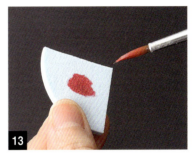
13
パフに赤い絵の具をのせる。

14
少しずつ叩いて、色を塗り重ねる。

POINT
必要に応じて、パフをキッチンペーパー等で叩いて乗りすぎた絵の具をオフする。

15
塗ったところ。少しずつ叩くことで自然とグラデーションができる。

16
茎にサンドグレーの絵の具を塗る。ところどころ地の色が見えると自然な風合いに。

17
完成。乾燥後、優しく茎を曲げてニュアンスをつける。

裏から見たところ。

55

HOW TO MAKE

虹の玉

作品：P7
size：W 1.7 × D 1.7 × H 4.8cm

黄緑から鮮やかな赤へのグラデーションを着色で表現します。赤部分をよりリアルにするためのポイントもご紹介。

〔材料〕
- 粘土（薄茶に着色）
- 粘土（赤に着色）
- 粘土（黄緑に着色）
- 絵の具（赤）
- 絵の具（サンドグレー）
- 太ワイヤー

〔道具〕
- 定規
- ラップ
- 粘土板
- スポンジ
- ボンド
- ニッパー
- 絵筆
- 粘土ベラ
- 平ペンチ

1 9cmのワイヤーを半分に折り、ねじる。

2 薄茶粘土Φ5mmをワイヤーに巻きつけて茎を作り、ヘラで模様をつける。

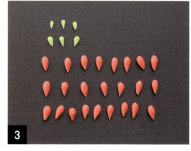

3 黄緑粘土：Φ1mm×1、Φ2mm×1、Φ3mm×1、Φ3.5mm×3に、赤粘土：Φ4mm×22〜24個に丸め、先端を尖らせる。

4 茎の先にボンドをつけ、茎の先端に赤粘土Φ4mmを被せる。

5 P55 **9** 同様に、1mm、2mm、3mmの葉を小さい順にボンドをつけ差し込む。

6 黄緑粘土の外側3つに、筆で赤い絵の具をうっすらと塗る。

7 赤い葉先にも同様に、筆で赤い絵の具を塗る。

POINT
赤い粘土に赤い絵の具を塗ることでより複雑な質感を表現できる。

8 茎にサンドグレーの絵の具を塗る。

9 完成。

POINT

茎が不要の場合は、Φ7mmの粘土に葉を差し込む。

10 乾燥後、優しく茎を曲げてニュアンスをつける。

POINT

ワイヤー、爪楊枝、粘土土台の使い分け

まっすぐとした茎の植物は、爪楊枝を使うと安定して作りやすい。虹の玉のようにあとから茎を曲げて飾る場合は、芯をワイヤーにして作る。作品が小さかったり薄かったりする場合は変形しないように細いワイヤーを使う。土の上に直接置く場合は粘土を土台に葉を差す。

HOW TO MAKE

葉挿し

作品：P10

あまった粘土を組み合わせて、葉の形と、小さな新芽を作り、並べてかわいい多肉ならでは葉挿しに。

〔材料〕

粘土

〔道具〕

定規
ラップ
粘土板
スポンジ
ボンド

1 小さな葉を数枚ボンドで貼り合わせ、新芽にする。

2 大きな葉の先に新芽をボンドでつける。

HOW TO MAKE

ラウイ

作品：P11
size：W 2.5 × D 2.5 × H 1.3cm

粉をふいた白い表面の独特な質感を表現します。より複雑な風合いを出すには、さらに白い絵の具を塗りましょう。

〔材料〕
粘土（薄青に着色）

〔道具〕
定規
ラップ
粘土板
スポンジ
ボンド

1
Φ2mm×1、Φ2.5mm×2、Φ3mm×1、Φ5mm×3を写真の形にする。

POINT
中心が少しへこむように形を整える。

2
Φ6mm×3、Φ7mm×10を写真の形にする。先端をしっかりと尖らせる。

3
2mmの葉を中心に、1で作った葉を写真のように三角を意識してボンドでつける。

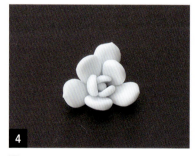

4
2を葉と葉の間につける。

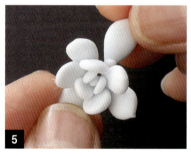

5
バランスを見ながら残りの葉をつける。

裏から見たところ。

6
完成。

HOW TO MAKE

樹氷

作品：P12
size：W1.7×D1.7×H4.5cm

組み立てる際に、葉の向きが横を向きすぎないように気をつけるのが樹氷らしく仕上げるためのポイントです。

〔材料〕
粘土（黄緑に着色）
絵の具（赤）
爪楊枝

〔道具〕
定規
ラップ
粘土板
スポンジ
ボンド
絵筆
パフ

1 粘土をΦ1mm×1、Φ2mm×1、Φ3mm×2、Φ4mm×5、Φ4.5mm×20に丸め、先端を尖らせる。30分以上乾かす。

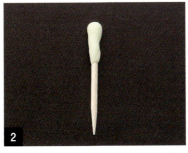

2 粘土Φ4mmにボンドをつけ、半分にカットした爪楊枝に被せる。

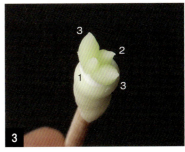

3 1mm×1、2mm×1、3mm×2の葉をボンドでつける。尖った先が上を向く。

4 4mmの葉、さらに外側に4.5mmの葉をランダムにつける。

5 全ての葉をつけたところ。

POINT 葉の先端が横ではなく、上に向かって生えるようにつける。

6 パフで軽く叩いて赤い絵の具をつける。

7 完成。

横から見たところ。

HOW TO MAKE

秋麗

作品：P13
size：W2.3×D2.3×H5cm

まっすぐにのびる茎には、ワイヤーよりも爪楊枝を使ったほうが、土台が安定して作りやすいです。

〔材料〕
粘土（青に着色）
粘土（赤に着色）
粘土（薄茶に着色）
絵の具（赤）
爪楊枝

〔道具〕
定規
ラップ
粘土板
スポンジ
ボンド
絵筆

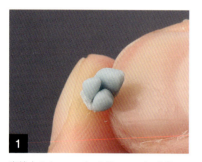

1 青粘土φ1mm×1、φ2mm×1、φ3mm×1で葉の形を作り、P58を参照して合わせる。

2 さらに青粘土φ4mm×3、φ5mm×3で作った葉をつけたところ。

3 赤粘土φ6mm×16で葉の形を作る。

4 薄茶粘土φ6mmを半分にカットした爪楊枝に被せて茎と土台にする。

5 2にボンドをつけて土台にのせる。

6 赤粘土の葉の先端にボンドをつけて、土台に差す。

7 すべての葉をつけたところ。乾かす。

8 青粘土の葉の外側3枚と、赤粘土の葉に薄く赤い絵の具を塗る。

9 完成。

HOW TO MAKE

桃太郎

作品：P14
size：W2.4×D2.4×H1.3cm

鮮やかで特徴的な先端の爪に赤い色をつける際、とがった形が崩れないようにしっかりと乾かしてから着色をしましょう。

〔材料〕
粘土（薄緑に着色）
絵の具（赤）

〔道具〕
定規
ラップ
粘土板
スポンジ
ボンド
絵筆
バフ

1 Φ1mm×1、Φ2mm×1、Φ2.5mm×2、Φ4mm×3、Φ5mm×6、Φ6mm×11を丸め、P58を参照して葉の形を作る。

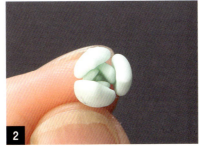

2 まわりに4mmの葉を、三角形に覆うようにつける。

3 横から見たところ。

3 バランスを見ながら小さい順に葉をつける。

4 すべての葉をつけたところ。

5 バフに赤い絵の具をつけ、葉の先端を叩いて色をつける。

6 完成。

POINT
桃太郎は様々な個体差があるので、異なる色の粘土で作って並べても。

HOW TO MAKE

リトープス

作品：P15
size：W1×D0.8×H1.4cm

独特の模様は、粘土の色を生かして表現しています。紫や緑、オレンジや赤など様々な色で作ってみましょう。

〔材料〕
粘土（紫に着色）
絵の具（白・紫）
太ワイヤー

〔道具〕
定規　　　粘土ベラ
ラップ　　爪楊枝
粘土板
スポンジ
ボンド
ニッパー
絵筆

1 粘土Φ10mmにボンドをつけ、ワイヤー3cmに差して形を整える。

2 軽くつぶしてやや平らにする。

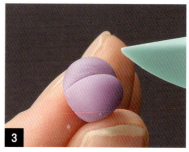

3 ヘラで中心に切り込みを入れ、乾かす。

4 上部を残して、薄紫色を塗る。

5 爪楊枝の先に絵の具をつけ、斑点状の模様をつける。

6 完成。

横から見たところ。

POINT
緑のリトープスは、緑の粘土に薄緑で着色をする。

横から見たところ。

HOW TO MAKE

モニラリア

作品：P16
size：W 0.4 × D 0.4 × H 2cm

うさぎのようなシルエットが特徴的なモニラリア。群生する植物なので、たくさん作って集めて植えましょう。

〔材料〕
粘土（緑に着色）
粘土（黄緑に着色）
粘土（薄茶に着色）
絵の具（白）
太ワイヤー

〔道具〕
定規　　絵筆
ラップ　粘土ベラ
粘土板
スポンジ
ボンド
ニッパー

1　緑粘土Φ2mm×2を葉の形にする。

2　黄緑粘土Φ6mmを3cmのワイヤーにボンドをつけて差し、ヘラで筋を入れてハート型にする。

3　葉の先にボンドをつけて筋部分に差す。

4　葉を差したところ。

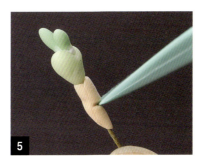

5　薄茶粘土Φ6mmにボンドをつけて根元部分に巻き、ヘラで筋を入れる。

6　筋をつけたところ。

7　水をつけずに白い絵の具を塗る。

8　完成。

HOW TO MAKE

花つきコノフィツム

作品：P17
size：W1.5×D1×H3cm

透明粘土の透け感と、紙で作った繊細な花の組み合わせ。たくさん作って、密に植えてみてください。

〔材料〕
- 透明粘土
- 透明粘土専用ニス
- 粘土（着色なし）
- 粘土（黄緑に着色）
- 絵の具（赤）
- 絵の具（緑・黄緑）
- 絵の具（黄）
- 太ワイヤー
- 半紙

〔道具〕
- 定規
- ラップ
- 粘土板
- スポンジ
- ボンド
- ニッパー
- はさみ
- 粘土ベラ
- 絵筆
- 爪楊枝

1 透明粘土Φ15mmで形を作り、ワイヤーを中心に刺す。表面が乾いてから色を塗るため、しばらく乾かす。

2 水を多めにして赤い絵の具で半紙を染め、1×3.5cmにカット。1～2mmおきに切り込みを入れ、丸くクセをつける。

POINT
3 細い円柱上のものに巻きつけてクセをつけるとよい。

3 白粘土Φ3mmを細長くし、先端に十字に切り込みを入れる。

4 花びらの下部にボンドをつけ、巻きつける。

5 巻いたところ。

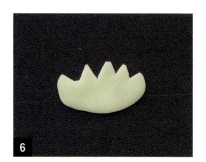

6 Φ4mmの黄緑粘土を平たくし、切り込みを入れて写真の形にする。

7 花の周りにボンドをつけて巻き、なじませる。

8 葉に色を塗る。上部は残す。

9 塗ったところ。1日以上乾かす。

10 ワイヤーの先にボンドをつけ、花を差す。

11 黄色の絵の具を、爪楊枝の先端につけ、のせるように塗る。

12 塗ったところ。

13 絵の具を塗っていない部分に、専用ニスを塗る。

14 完成。

HOW TO MAKE

リトルミッシー

作品：P22
size：W 0.5 × D 0.2 × H 7 cm

繊細な葉は、2枚を対で作ります。ワイヤーに通す際は、割れないようにゆっくりと差し込みましょう。

〔材料〕
粘土（着色なし）
粘土（緑に着色）
絵の具（ピンク）
細ワイヤー

〔道具〕
定規　　　粘土ベラ
ラップ　　爪楊枝
粘土板
スポンジ
ボンド
ニッパー

1 白粘土Φ1.5mmの両側を尖らせる。

2 中心にヘラをあて、両端を立ち上げる。最上部の葉になる。

3 細くのばした白粘土の上に、緑粘土をのせる。

65

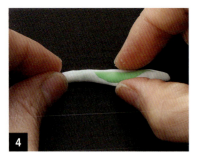
4 白粘土で緑粘土を包み、直径4mmに細くのばす。

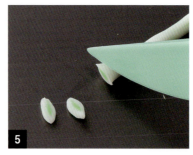
5 ヘラで1mm厚に5枚カットする。

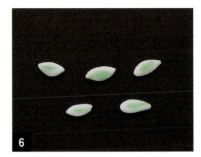
6 形を整える。

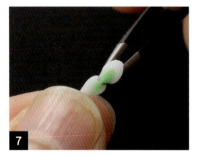
7 ピンセットで中心をはさんでくびれを作る。

8 5 よりやや小さい葉を作る。

9 2 にボンドをつけて、8 にのせる。

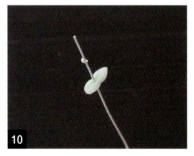
10 ワイヤーを7cmにカットし、ワイヤーの葉をつけたい部分にボンドをつけ、下から葉を通す。

11 葉が互い違いの向きになるように回し、葉の形を整える。

12 ワイヤーの先端にボンドをつけ、9 を差す。

13 葉がやや上を向くように整え、乾かす。

14 葉のフチに爪楊枝でピンクの絵の具をのせる。

15 完成。

HOW TO MAKE

ウエストレインボー

作品：P19
size：W2×D2×H1.2cm

緑と白の2色の入り混じる葉は、先にストライプ模様の粘土を作ってからカットして作ります。

〔材料〕
粘土（緑に着色）
粘土（着色なし）
絵の具（赤）

〔道具〕
定規
ラップ
粘土板
スポンジ
ボンド
粘土ベラ
絵筆

1. 直径3mmの円柱を、白粘土2本、緑粘土1本を作り、並べる。

2. 指でこすってなじませる。

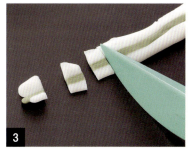

3. ヘラで5mm幅にカットする。

4. 先端をつまんで尖らせて、葉の形にする。計11枚作る。

5. 白粘土Φ1mm×1、Φ2mm×1、Φ3mm×1を葉の形にし、計3枚を貼り合わせる。

6. 土台にΦ7mmの白粘土を使い、5 を乗せ、さらに 4 の葉を小さい順にボンドでつける。

7. 緑粘土Φ6mm×10を葉の形にする。

8. 緑の葉をボンドでつける。

9. 中心を濃く、外に向かうにつれて薄くなるように赤い絵の具を塗る。

10 完成。

横から見たところ。

HOW TO MAKE

カンテ

作品：P20
size：W4×D4×H1.5cm

淡い薄青のカラーがポイント。ラウイの作り方（P58）を参考に作りましょう。

〔材料〕
粘土（薄青に着色）
絵の具（ピンク）

〔道具〕
定規
ラップ
粘土板
スポンジ
ボンド
絵筆
パフ

1 粘土Φ1mm、Φ2mm、Φ3mm、Φ4mmを葉の形にし、P58を参照してつける。

2 粘土Φ5mm×2、Φ6mm×3、Φ7mm×15を葉の形にする。

3 9枚をつけたところ。

4 すべての葉をつけたところ。

5 パフにピンクの絵の具をつけ、葉のフチを叩いて薄く色をつける。

6 完成。

HOW TO MAKE

ルビーネックレス

作品：P21
size：W3×D0.3×H6cm

〔材料〕	〔道具〕
粘土（緑に着色）	定規
粘土（紫に着色）	ラップ
絵の具（紫）	粘土板
細ワイヤー	スポンジ
	ボンド
	ニッパー
	絵筆

作った後に自由に形を変えて飾ることができるよう、芯にワイヤーを入れて作りましょう。見える部分のワイヤーは茎と同じ紫に塗ります。

1 ワイヤーを5mm長×20本にカットし、紫色の絵の具を塗る。

2 緑粘土Φ2mm×3、Φ3mm×17を葉の形にし、ボンドをつけてワイヤーを差す。

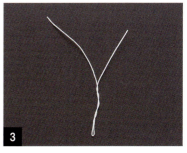

3 ワイヤーを12cmにカットして、写真のようにねじる。

4 紫粘土で包む。

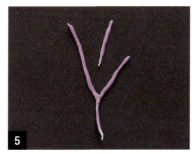

5 包んだところ。2.5cmのワイヤーで枝分かれ部分も作る。先にボンドをつけて枝に差す。

6 葉のワイヤーの先にボンドをつけ、枝に差し込む。

7 すべての葉を差したところ。

8 紫の絵の具を枝と葉にランダムに塗る。

9 完成。ワイヤーを優しく曲げてニュアンスを出す。

HOW TO MAKE

子持ち蓮華

作品：P22
size：W 5.4 × D 2.5 × H 2cm

〔材料〕
粘土（薄緑に着色）
細ワイヤー

〔道具〕
定規
ラップ
粘土板
スポンジ
ボンド
ニッパー
丸め棒（先端が球状のもの）
粘土ベラ

落ち着いた薄緑の葉の色がきれいな子持ち蓮華。親株の中心を球にすることで、簡単に作ることができるようにしました。

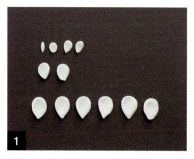

1 φ1mm×1、φ2mm×1、φ2.5mm×2、φ3mm×2、φ3.5mm×6〜7を葉の形にする。

POINT 丸みをつけるには、先端の丸いものに押し付けるとよい。

2 子株を作る。ワイヤー3cmにφ4mmの粘土を巻きつけ、先端を丸くする。

3 中心の1mmの葉を、2mmと2.5mmの計3枚で三角形に囲むようにボンドをつけて差し込む。

4 残りの葉を小さい順に周りにつけ、子株の完成。同じものをもう1個作る。

5 親株を作る。φ5mmの丸に3本の筋を入れる。

6 φ4mm×3、φ5mm×10で **1** 同様に葉を作り、4mmの葉で **5** を包むようにボンドでつける。

横から見たところ。

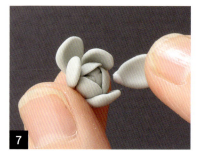

7 その他の葉を周りにつける。

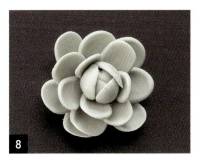

8

残りの葉をすべてつけたところ。

9

親株の裏の中心に、子株の端にボンドをつけて差し込む。

10

完成。

HOW TO MAKE

ハオルチア 1

作品：P23
size：W4.5×D4.5×H2.5cm

今回は緑で制作していますが、紫や茶色で色を塗っても。透明粘土ならではの透け感と、ニスのツヤがポイントです。

〔材料〕
透明粘土
透明粘土専用ニス
絵の具（緑・黄緑）
細ワイヤー

〔道具〕
定規
ラップ
粘土板
スポンジ
ボンド
ニッパー
絵筆

1

粘土（はじめは白い）をΦ4mm×1、Φ5mm×1、Φ6mm×1、Φ8mm×3に丸め、ワイヤーをつけずに葉の形を作る。

2

粘土Φ12mm×22〜25個をワイヤー7mmに巻きつけて形を作る。

3

乾くのを待たずに色を塗る。緑と黄緑の絵の具を混ぜ、下から上に向かって塗る。

4

スポンジにワイヤー部分を差して、絵の具を軽く乾かす。

5

粘土Φ15mmを軽く潰して土台にする。ボンドをつけて4mm、5mm、6mmの葉を差す。

6

小さい順に、葉が密に上に向かって生えるようにつける。中心の8枚は立ち上げてそれより外側は横に広がるようにつける。

71

HOW TO MAKE

ハオルチア 3

作品：P25
size：W 5.5 × D 5.5 × H 2cm

細かなトゲは、ピンセットで作ります。基本の作り方はP71ハオルチア1と同じですので、こちらの作り方を参照してください。

〔材料〕
透明粘土
透明粘土専用ニス
絵の具（緑・黄緑）
細ワイヤー

〔道具〕
定規　　絵筆
ラップ　ピンセット
粘土板
スポンジ
ボンド
ニッパー

1 Φ2mm×1、Φ3mm×1、Φ5mm×1、Φ6mm×1、Φ7mm×3、Φ10mm×12〜14で葉の形を作る。

POINT 横から見たところ。根元よりの部分を厚くする。葉の裏側に角を出す。

2 3辺をピンセットでつまんでトゲを作る。

3 3辺にトゲを作ったところ。

POINT 裏側のトゲは、葉の先から2/3あたり。

4 黄緑で線状に色を塗る。葉の表から見たところ。

裏から見たところ。

5 P71の組み立て方を参照し、葉を土台に差す。乾燥後に専用ニスを塗り、完成。

MAKE IT BETTER

トゲは、ピンセットで浅くつまんで細かく作る。

葉の根元1/3ほどは全体を黄緑に塗る。やや緑の色を濃くして、細い線を根元から先端に筆を滑らせて描く。

ハオルチアは様々な色・形・トゲの有無が異なる種類があるので、P71〜74を参考に好みの形状にアレンジを。

9 粘土のトゲにボンドをつけて、上部に差し込む。

10 上部のトゲをつけたところ（約20本）。

11 角を出したところに、ほうきのトゲにボンドをつけて2本ずつ差し込む。

12 親株ができたところ。基部は後から色をつけるので、トゲを差さずに残しておく。

13 子株も同様に薄緑粘土Φ7mmと1cmのワイヤーで作る。筋は6本。

14 子株のワイヤーにボンドをつけ、親株に差し込む。

15 液体粘土を少量パレットに出し、茶色とベージュの絵の具を混ざりきらないように混ぜる。

16 ムラを残し、立体感が出るように爪楊枝の柄側で塗る。

17 完成。

MAKE IT BETTER

2本ずつのトゲは、向きをそろえず、ハの字に開くようにつける。

78

HOW TO MAKE

ウチワサボテン

作品：P28
size：W3.5×D0.5×H5cm

初心者の方にもおすすめな、ウチワサボテン。液体粘土を使って、立体的に模様をつけます。

〔材料〕
粘土（緑に着色）
液体粘土
絵の具（白・薄茶・茶）
太ワイヤー
細ワイヤー

〔道具〕
定規　　粘土ベラ
ラップ　爪楊枝
粘土板
スポンジ
ボンド
ニッパー

1
子株を作る。粘土Φ4mm×1、Φ5mm×1、Φ6mm×1を子株の形にする。

POINT
しずく型にしてから先端を曲げ、つぶすと作りやすい。

2
細ワイヤー1cmを差し、乾かす。

3
親株を作る。粘土Φ18mmを細長くして軽くつぶす。

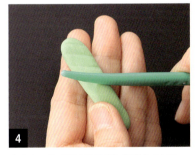

4
太めのヘラで薄く格子状に模様をつける。

5
模様をつけたところ。3cmの太ワイヤーにボンドをつけて差す。

6
子株のワイヤーにボンドをつけて、側面に差す。

7
液体粘土に白、薄緑、茶を混ぜて、爪楊枝の先で点状の模様をつける。格子状の模様を目安に使うとよい。

8
完成。

HOW TO MAKE

兜丸

作品：P29
size：W 1.7 × D 1.7 × H 2cm

特徴的な上部の毛状部分や、立体的な白い模様、細かな斑点をそれぞれ異なる技法で表現しています。

〔材料〕
粘土（ダークグリーンに着色）
液体粘土
絵の具（白）
太ワイヤー
ティッシュ

〔道具〕
定規　　爪楊枝
ラップ　粘土ベラ
粘土板
スポンジ
ボンド
ニッパー

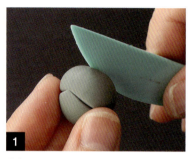

1 粘土φ18mmを丸め、6等分にナイフ状のヘラで筋を入れる。3等分にしてから間に筋をいれるとよい。

2 6等分に筋を入れたところ。

3 3cmのワイヤーにボンドをつけて中心に差す。

4 ティッシュをひとつまみ千切る。

5 ティッシュ全体にボンドをつけ、丸めて上部につける。

6 液体粘土に白い絵の具を混ぜ、爪楊枝の先で乗せていく。立体感が出るように優しく置く。

7 模様をつけたところ。

8 爪楊枝の先に白い絵の具をつけ、筋のフチと 7 の模様の周りに点状の模様を描く。

9 完成。

HOW TO MAKE

チランジア 1

作品：P32
size：W5×D5×H4cm

エアプランツらしい薄い葉がポイント。乾かす前に形を整えましょう。

〔材料〕
粘土（薄緑に着色）

〔道具〕
定規
ラップ
粘土板
スポンジ
ボンド
粘土ベラ

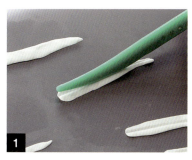

1 粘土を細長く伸ばして0.5mm厚ほどに薄くのばし、ヘラでうっすらと筋を入れる。太めのヘラがよい。

POINT

本書掲載の作品の葉は、小さなものは1cm長、長いものは6cm長、計30本で作っている。葉の長さをバラバラにすることで、より自然に仕上げることができる。下部の葉10枚の色を少し変えることで、葉の重なりにより奥行きが出る。

2 小さい葉から順に、葉の根元同士をボンドで貼り合わせてまとめる。

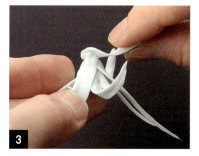

3 底を覆うように、次の葉をつける。

POINT

4 葉が四方に広がるようにつける。

4 20本の葉をつけたところ。

5 残りの葉をつけたところ。

6 葉に丸みをつけて乾かし、完成。

裏から見たところ。

81

HOW TO MAKE

チランジア 2

作品：P32
size：W 4.5 × D 2.5 × H 5.5cm

基本の作り方はチランジア1と同じです。
P81を参照して作りましょう。

〔 材料 〕
粘土（緑に着色）
絵の具（白）

〔 道具 〕
定規
ラップ
粘土板
スポンジ
ボンド
絵筆

1
3〜6cm長の葉を、計9本作る。根元のみ軽くつぶす。

2
P81を参照して葉を貼り合わせ、根元部分に水をつけずに白い絵の具を塗る。

3
完成。

MAKE IT BETTER

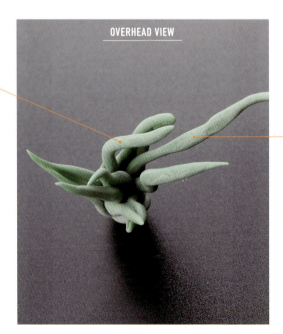

OVERHEAD VIEW

曲がりくねった形を表現するために、乾く前に、葉に自然な動きをつける。自由奔放に葉をのばす。

葉の表面にも、根元部分同様に色を塗ってもよい。その場合は差が出るように根元より薄く塗る。

HOW TO MAKE

チランジア 3

作品：P32
size：W 4.5 × D 4.5 × H 3cm

基本の作り方はチランジア 1 と同じです。
P81 を参照して作りましょう。

〔材料〕
粘土（黄緑に着色）

〔道具〕
定規
ラップ
粘土板
スポンジ
ボンド
粘土ベラ

1 約3mm幅、1〜4cmの葉を、計38枚作る。P81を参照し、小さい葉から順に貼り合わせる。

POINT 葉が細いため、ボンドは先端のみにつける。

2 葉を少し反らせて乾かし、完成。

MAKE IT BETTER

OVERHEAD VIEW

葉が放射状にに開くようにつける。

SIDE VIEW

葉の長さはそろえ過ぎず、ばらけていた方がよりリアル。

根元部分に小さな葉を数枚貼り、水をつけずに白い絵の具を塗ると、よりリアルになる。

HOW TO MAKE

ディッキア

作品：P36
size：W8×D8×H3cm

軽量粘土と樹脂粘土を1：1で混ぜることで、弾力のある質感になり、はさみで切りやすくなります。

〔材料〕
樹脂粘土：軽量粘土＝1：1（着色なし）
絵の具（赤・こげ茶・黄土）

〔道具〕
定規　　　　絵筆
ラップ　　　粘土ベラ
粘土板　　　めん棒
スポンジ
ボンド
工作用ピンキングばさみ
（ひと山約2mmくらいのもの）

1　指定の割合に混ぜた粘土をめん棒で約1mm厚にのばす。

2　ピンキングはさみで三角形に切る。

3　長短さまざまにし、長いものは約7cmくらい。合計で約35枚。

4　赤、こげ茶、黄土色の絵の具を混ぜる。ムラが残るよう、混ぜすぎない。

5　ぎざぎざ部分は白を残し、葉の向きに沿って塗る。

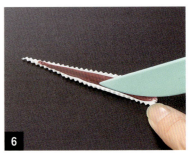
6　ぎざぎざのフチにヘラあてて、両わきを立ち上げる。

7　外側へ反らす。

8　着色面を内側に、小さな葉からボンドでつける。先に貼った葉に巻くように貼るとよい。3枚を貼りあわせたところ。

POINT
はがれやすいので、先に貼った葉を指で押さえながらつける。

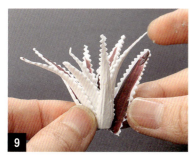
9
位置を少しずつ下にずらしながらつける。

10
葉の数が増えると、自然と開いてくる。

11
すべての葉をつけたところ。

12
葉の丸みをつけるため、コップなどに入れて乾かす。

13
完成。

横から見たところ。

MAKE IT BETTER

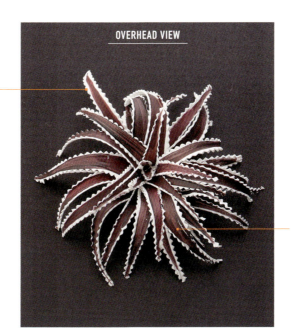

OVERHEAD VIEW

ピンキングばさみでぎざぎざを表現するために、粘土を紙のように扱うことのできる軽量粘土を多めにまぜる。ピンキングばさみのカット線がシャープに出る。

中心から数枚は上に立ち上がって、残りは横に広がるように貼る。パイナップルの葉をイメージするとよい。

色を塗る際は、わざと色むらを残すとリアルさが増す。

HOW TO MAKE

パキポディウム

作品：P38
size：W4×D3×H5cm

塊根の形はきれいな球になりすぎないように、色もムラを残して混ぜるのがリアルに作るポイントです。

〔材料〕
粘土（マーブル模様を残して、サンドグレーに着色）
粘土（緑に着色）
太ワイヤー
細ワイヤー
タワシ

〔道具〕
定規
ラップ
粘土板
スポンジ
ボンド
ニッパー
はさみ
粘土ベラ

1
緑粘土Φ1.5mmを長細くしてつぶし、細ワイヤー7mmをつける。同じものを計21枚作る。

2
サンドグレー粘土Φ6mmにボンドをつけて太ワイヤー2.5cmに巻きつける。

3
葉にボンドをつけて茎の上部に差し入れる。

4
タワシの毛を3mmくらいにカットしてトゲにする。

5
トゲの先にボンドをつけて差し込む。茎の下半分はトゲをつけずに残す。

6
すべての茎を作ったところ。

7
マーブル模様を残して混ぜたサンドグレー粘土Φ20mmを丸める。

8
3cmの太ワイヤーにボンドをつけて 7 に差し、茎のワイヤーにボンドをつけて差す。

9
茎の根元をヘラでなじませる。

10
ヘラで薄く筋を入れる。

11
完成。

POINT
葉が塊根からから直接生えているものも。葉の根元のシワを再現するのが、リアルに作るポイント。

HOW TO MAKE

ハエトリグサ

作品：P39
size：W 1 × D 0.8 × H 6cm

細かなトゲと、薄い茎が特徴。細かい部分ははさみやピンセットを使うとシャープに仕上がります。

〔材料〕
粘土（着色なし）
粘土（黄緑に着色）
絵の具（赤）
絵の具（緑）
細ワイヤー

〔道具〕
定規　　　はさみ
ラップ　　ピンセット
粘土板
スポンジ
ボンド
ニッパー
絵筆

1
8cmのワイヤーに黄緑粘土Φ5mmを巻きつけ、つぶして薄くする。ワイヤーは左右を1.5cmずつ残しておく。

2
黄緑粘土Φ9mmを、細く伸ばした白粘土Φ6mmで巻く。

3
1mmほどの厚さにつぶす。

4
さらに白い部分のみをつぶし、0.5mm厚ほどにする。

5
黄緑部分が少し残るように、赤い絵の具を塗る。

6
1mmおきにはさみでV字に切り込みを入れる。

87

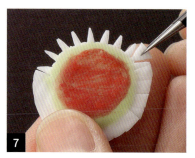
7 ピンセットでV字を抜き、トゲを残す。

8 茎のワイヤーを包むようにはさみ、なじませる。

9 トゲを内側に折り込む。

10 茎の背側に緑の絵の具を塗る。

11 黄緑のフチに緑の絵の具を塗る。

12 完成。

HOW TO MAKE

コウモリラン

作品：P40
size：W2.5×D1×H6.5cm

壁面に飾ったコウモリランを、コルク栓を使うことで表現しています。実際に壁に吊るせるように、ワイヤーもつけました。

〔材料〕
粘土（緑に着色）
粘土（薄茶に着色）
絵の具（白）
絵の具（茶）
絵の具（こげ茶）
細ワイヤー
コルク

〔道具〕
定規
ラップ
粘土板
スポンジ
ボンド
ニッパー
絵筆
粘土ベラ
カッター（コルクをカット）
目打ち
はさみ
めん棒

1 緑粘土をめん棒で0.5～1mm厚にのばし、大小4枚のランダムな形にはさみでカットする。大4枚には細ワイヤーをつける。大きなものが4cm長くらい。

2 ワイヤーをくるむように、ゆるくカーブをつける。

3 薄茶粘土を薄くのばし、ちぎるようにして形を作る。ヘラで筋状の模様をつける。数枚色を変えておくと立体感が出る。

88

4 コルクを半分に切って、上部2箇所に目打ちで穴をあける。

5 6cmのこげ茶に着色したワイヤーの両端を曲げ、ボンドをつけて穴に差し込む。

6 薄茶粘土Φ10mmをボンドでコルクに貼り、株の芯にする。

7 株の芯を覆うように、ボンドでつける。上部の端が少し浮くようにつける。

8 株の皮をつけたところ。

9 上から見たところ。

9 ヘラで2箇所に穴をあける。

10 穴に押し込むように、ワイヤーがついていない葉をボンドで押し込む。

11 ワイヤーがついている葉4枚を上寄りの穴にボンドをつけて差す。

12 4枚差したところ。四方に広がるように向きをバラバラに差す。

13 下寄りの穴に3枚差す。

14 葉に、水をつけずに白い絵の具を塗る。粉をふいた乾いた質感が表現できる。

15 株の先端に、茶色い絵の具を塗る。

16 完成。

HOW TO MAKE

アガベ 王妃雷神錦

作品：P41
size：W5×D5×H3.5cm

真っ赤な鋭いトゲと、緑と白が入り混じる葉のコントラストが鮮やか。葉の模様がポイントです。

〔材料〕
粘土（着色なし）
粘土（赤に着色）
粘土（緑に着色）
絵の具（赤・こげ茶）

〔道具〕
定規
ラップ
粘土板
スポンジ
ボンド
絵筆
粘土ベラ

1 赤粘土Φ1.5mmでトゲを約13本作る。

2 緑と白の粘土でマーブルの粘土を作る。混ざりすぎないように注意。

3 マーブル粘土Φ6mmとΦ8mmで5か所角の立った葉を作る。

4 白粘土Φ7mmを丸め、ボンドをつけた2枚の葉で覆う。

5 緑粘土Φ7mm、マーブル粘土Φ4mm、白粘土Φ7mmを5本に細長くのばして並べる。

6 こすってなじませる。裏側も同様になじませる。

7 なじませたところ。幅約3cmにする。

8 6をカットして0.5cm幅2枚、1cm幅2枚、1.5cm幅1枚、2cm幅7枚の葉を作る。緑部分を押し出すように、山形にする。

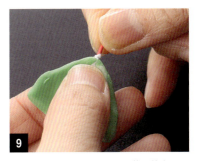

9 トゲの先端にボンドをつけて葉に差す。

10 葉のフチをつまんでトゲをつける。

11 小さい順に葉をボンドでつける。

POINT
トゲが上を向くようにつける。

12 すべての葉をつけたら、ムラが出るようにトゲの先端に赤とこげ茶を塗る。

13 完成。

MAKE IT BETTER

OVERHEAD VIEW

10で作ったトゲの先端にもこげ茶色を塗ることで、よりリアルに。

HOW TO MAKE

アガベ　吉祥天

作品：P42
size：W6×D6×H3cm

迫力ある造形と、立派なトゲが特徴。葉が横を向きすぎないように、生える向きに注意して作りましょう。

〔材料〕
- 粘土（黒に着色）
- 粘土（薄青緑に着色）
- 液体粘土
- 絵の具（こげ茶）
- 絵の具（白）
- 細ワイヤー

〔道具〕
- 定規
- ラップ
- 粘土板
- スポンジ
- ボンド
- ニッパー
- 絵筆
- 爪楊枝

1 黒粘土Φ1mmを伸ばしてトゲを33本作り、乾かす。

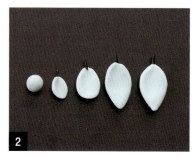

2 薄青緑粘土Φ6mmを丸め、Φ4mm×1、Φ6mm×1、Φ7mm×2を葉の形にしてトゲを先端に差す。

3 薄青緑粘土Φ8mm×6、Φ10mm×23を葉の形にしてワイヤーを刺す。一晩ほど乾かす。

4 POINT　トゲはしっかりと乾いてから差さないと形が変わってしまうので注意。

4 6mmの丸を覆うように、4mm、6mm、7mmの葉をボンドでつける。

5 薄青緑粘土Φ5mmを山形にして、ボンドをつけて **4** を乗せる。

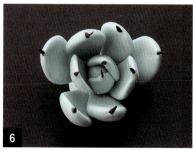

6 8mmの葉6枚にボンドをつけて、トゲが上を向くように差す。

横から見たところ。

7 残りの葉は、隙間を埋めるように横から差す。

液体粘土にこげ茶の絵の具を混ぜ、爪楊枝の先で立体的に塗り、乾かす。

白い絵の具を、水をつけずに葉に塗る。

完成。

HOW TO MAKE

鉢の作り方

size：W 2.5 × D 2.5 × H 2.3cm

定番の素焼き鉢のような風合いを表現するには、石粉粘土がおすすめです。

〔材料〕
石粉粘土
絵の具（赤・茶・白）

〔道具〕
定規
ラップ
粘土板
スポンジ
ボンド
めん棒
粘土ベラ

絵筆
はさみ
（型紙を切る）

めん棒で石粉粘土を1〜1.5mm厚くらいにのばす。

型紙をあてて、ヘラでカットする。

カットしたところ。

端にボンドをつけて突き合せる。

貼り合わせたところ。

形を整える。上部が半分ほど重なるように、ボンドをつけて巻く。

7 巻きつけたところ。しばらく乾かす。

8 机の上に置き、少量の粘土を押しつけるようにして底をふさぐ。

9 しばらく乾かす。

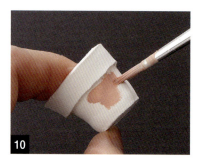
10 テラコッタ色を塗る。

11 乾燥させ、完成

型紙

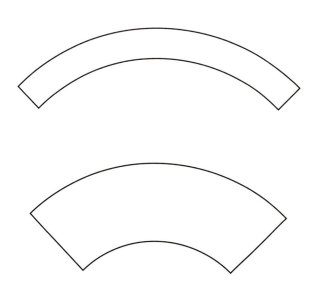

HOW TO MAKE

植物の植え方

リアルに多肉植物や珍奇植物を作ったら、飾り方も工夫してみましょう。
水をやる必要がないので、鉢でないものに飾ってもよいですし、
手元にある粘土で、オリジナルの鉢を手作りするのも素敵です。
鉢の質感や中に入れる砂や土によっても見え方が変わるもの楽しいところ。
実際の植物の姿を参考にしながらも、アーティフィシャルならではの自由さを生かして
飾ってみてください。

群生させる
前もってスポンジや粘土を使って形を整え、上から砂をのせると整う。

密に植える
ワイヤー同士を絡ませてから植えると、倒れたり離れたりしづらい。

手びねりの鉢
P93の素焼き風の鉢だけではなく、手びねりで鉢を作ることもできる。

ヤシ
砂や土だけでなく、ヤシを敷いても。サボテンにおすすめ。

素焼きの鉢
素焼きのシンプルな鉢は、既成のものでもかなり小さなサイズまでそろっている。

植物の生え方
どんな向きや密度で生えるか、図鑑や実際の植物を観察してみましょう。

author
きたのこ

PilzHase (ビルツハーゼ) 主宰兼作家。
「リアルでありながら本物より愛らしく、本物よりアート」を
コンセプトに、多肉植物やきのこ、生き物などをモチーフとし
た粘土作品を製作。植物の特徴を捉えたリアルな造形と着色
が特徴で、かわいいアレンジや実用的な雑貨作品も人気。共著
に『粘土でつくる　ちょっぴりメタボな多肉植物と草花』(日
東書院) がある。

PilzHase ホームページ
https://pilzhase.wixsite.com/home
インスタグラム
https://www.instagram.com/pilzhase/
オンラインショップ (minne内)
https://minne.com/@pilz-hase

staff

撮影：シロクマフォート
ブックデザイン, 編集：gris
制作：株式会社スタンダードスタジオ

内容に関するお問い合わせは
小社ウェブサイトお問い合わせフォームまでお願いいたします。
ウェブサイト　https://www.nihonbungeisha.co.jp/

参考
・「珍奇植物」(日本文芸社)
・ガーデニングの図鑑
　https://shiny-garden.com
・多肉植物・サボテン図鑑
　https://www.shuminoengei.jp/?m=pc&a=page_p_cactus_top
・PUKUBOOK
　https://pukubook.jp
・レボスの多肉村
　https://tanikumura.com/smartphone/index.html
・GreenSnap
　https://greensnap.jp
・ガーデニング花図鑑
　https://sodatekata.net
・HORTI
　https://horti.jp

撮影協力

AWABEES / UTUWA
http://www.awabees.com

樹脂粘土で作る　ミニチュア多肉植物

2019年11月10日　第1刷発行

著者　　きたのこ
発行者　吉田芳史
印刷所　株式会社 光邦
製本所　株式会社 光邦
発行所　株式会社 日本文芸社
　　　　〒135-0001 東京都江東区毛利2-10-18 OCMビル
　　　　TEL. 03-5638-1660 (代表)

Printed in Japan　112191018-112191018Ⓝ01 (201072)
ISBN 978-4-537-21733-9
URL https://www.nihonbungeisha.co.jp/
©kitanoko 2019
編集担当 牧野

乱丁・落丁本などの不良品がありあましたら、小社製作部宛にお送りください。送料小社負担
にておとりかえいたします。法律で認められた場合を除いて、本書からの複写・転載 (電子化
を含む) は禁じられています。また、代行業者等の第三者による電子データ化及び電子書籍化
は、いかなる場合も認められていません。

印刷物のため、作品の色は実際と違って見えることがあります。ご了承ください。本書の一
部または全部をホームページに掲載したり、本書に掲載された作品を複製して店頭やネット
ショップなどで無断で販売することは、著作権法で禁じられています。